AF311317

(Par le chevalier d'Artès.)

OBSERVATIONS,

&c. &c.

QUELQUES

OBSERVATIONS

SUR

L'EXPÉDITION QUI SE PRÉPARE EN SUÈDE.

1812.

QUELQUE soit l'exagération des bulletins que Buonaparte fait publier, il n'en est pas moins vrai que l'armée françoise est maîtresse de Moscou. Les sacrifices énormes qu'a fait le chef de la France pour donner un grand éclat à la guerre qu'il a entreprise, doivent certainement amener sa perte et la destruction de son armée, si l'empereur Alexandre qui peut compter sur l'appui et la fidélité de ses alliés, sur la bravoure de ses soldats, sur le dévouement et le zèle de ses sujets, persiste dans la noble et énergique résolution qu'il a prise.

La persévérance dans la guerre peut seule faire triompher la Russie. Par elle le chef de l'empire ajoutera à la gloire de ses nombreux ayeux ; par elle aussi l'oppresseur des rois et des peuples sera vaincu et sa puissance détruite. Pour obtenir ce résultat, on a annoncé depuis long-temps qu'il se préparoit une expédition considérable dans la Baltique. Les hommes qui cherchent à tout pénétrer, firent part de leurs conjectures sur les différents points où elle devoit agir. Les uns la faisoient aller en Zélande, d'autres à Stralsund ; tous assurent aujourd'hui qu'elle va co-opérer à la défense de Riga. Quoique nous ayons la plus entière confiance dans le plan que les alliés ont adopté, nous prendrons la liberté de faire quelques observations générales sur les résultats que doit produire la tentative que l'on se propose de faire, et nous indiquerons ensuite nos vues particulières sur une opération d'une si haute importance.

Si le débarquement s'étoit fait en Zélande, on auroit pu avoir deux objets en vue. Le premier, de se prêter au désir secret du roi de Dannemark de vouloir être forcé par les puissances alliées à prendre les armes contre l'ennemi commun, le second de le décider par la force à s'unir à la triple alliance. Dans les deux cas le Dannemark seroit devenu partie active dans la guerre, et si 20 ou 25,000 hommes de ses troupes s'étoient réunis aux 50,000 que l'on dit devoir être fournis par la Russie et la Suède, il n'est pas douteux que cette force imposante, portant avec elle 50 ou 60,000 fusils et marchant sans difficulté sur Hambourg, la Hesse et le Hanovre, n'eût peut-être fait soulever tous les peuples entre l'Elbe et le Rhin. Pour hâter leur insurrection il auroit sans doute été nécessaire que là, comme ailleurs, l'étendard des anciens souverains fût déployé et que des princes de leurs maisons eussent co-opéré eux-mêmes à la délivrance de leurs anciens sujets.

Si c'eût été la Poméranie suédoise que l'on eût attaquée, il est possible que dans le premier moment les troupes françoises n'eussent pas pu empêcher le débarquement d'une armée de 50,000 hommes. Mais on avoit sûrement calculé que les garnisons des places sur l'Oder, que celles de Berlin et de Magdebourg se réunissant et se portant sur Strelitz, auroient arrêté les progrès des troupes qui auroient débarqué ? Dans cet état de choses tout se seroit donc borné, à voir deux armées à-peu-près de même force se faire la guerre, avec cette différence que les François pouvant réparer leurs pertes beaucoup plus aisément que les Suédois, les succès des alliés n'auroient jamais été assez marquants pour devoir gêner les opérations de Buonaparte en Russie, et encore moins pour décider le soulèvement de l'Allemagne.

On a prétendu, cependant, que l'armée russe et suédoise, débarquée sans obstacles, auroit pu se porter en avant et nuire essentiellement à l'armée françoise, parce qu'elle l'auroit privée de ses subsistances et intercepté ses convois. Nous conviendrons que les approvisionnemens que les François tirent de Hambourg et des pays adjacens, auroient pu éprouver des difficultés pour arriver à leur destination. Mais personne n'ignore que ce n'est pas de là, que l'armée françoise alimente ses magasins, par la raison que ces pays sont si peu productifs qu'ils suffisent à peine aux besoins des troupes qui les occupent. C'est surtout la Bohême, la Souabe, et toutes les provinces fertiles de la haute Allemagne, indépendamment de ce que fournit la Pologne, qui pourvoient aux besoins de l'ennemi. Le Prince de la Couronne qui connoît parfaitement tous ces détails, sait aussi que les convois qui se font par Dresde, Prague, Breslau et Varsovie, n'auroient pu de long-temps être interceptés par une armée débarquée en Poméranie ; enfin, il avoit certainement prévu, que si l'armée suédoise, attaquée par des forces supérieures, avoit été réduite à faire sa retraite, son embarquement auroit pu être contrarié, soit par la garnison françoise de Stralsund, soit par les glaces de la Baltique. D'après cela ne peut-on pas assurer qu'une descente à faire sur ce point, n'entra jamais dans le plan conçu par les alliés ?

On dit aujourd'hui, que c'est à Riga que l'armée suédoise doit aller agir. Il n'est pas douteux que si telle est sa destination, elle prolongera la défence de cette place, que même dans le premier mouvement, l'ennemi sera réduit à se tenir sur la défensive. Mais si on considère que Buonaparte dispose de position la plus critique. Quelle heureuse circonstance pour l'Empereur d'Autriche, qui a tant d'outrages à venger ? En prenant les armes contre l'ennemi commun, François II. feroit non-seulement oublier les erreurs qui firent la honte et le malheur de ses fidèles sujets, mais il parviendroit peut-être à arracher de l'histoire de sa maison les pages qui en ternissent la gloire.

Les admirateurs de Buonaparte annoncent déjà, que si jamais sa situation devenoit aussi périlleuse, il seroit le maître de la changer, en adoptant en apparence un système de politique plus modéré et en offrant à l'Empereur Alexandre comme gage de la paix de se replacer dans le *statu quo ante bellum*.

Nous ne doutons point que l'Empereur de Russie, dont les ressources et la puissance sont immenses, ne rejetât avec fierté les propositions qui lui seroient faites. Le petit fils de l'immortelle Catherine connoît trop bien aujourd'hui le caractère perfide de celui qu'il a à combattre, pour ne pas sentir que sa gloire, que sa dignité, que l'existence de sa maison, que les grands intérêts de l'empire, que le salut de l'Espagne et le repos de l'Europe exigent de lui qu'il ne pose les armes qu'après avoir renversé le tyran qui désole la terre.

Mais, dira-t-on, l'Empereur Alexandre ne pourroit point se refuser à faire la paix, si Buonaparte accédoit à la déclaration faite le 30 d'Avril à Paris par le prince Kurakin, par laquelle cet ambassadeur exigeoit au nom de son maître comme base préliminaire de toute négociation *l'évacuation de la Poméranie suédoise, celle de tous les états prussiens et de toutes les places fortes en Prusse par les François et leurs alliés.*

A cela nous répondrons, que si le puissant Empereur de Russie, après avoir fait les plus grands sacrifices, cédoit aux conseils de la foiblesse, c'est lui-même alors qui briseroit son sceptre et renverseroit les marches du trône qu'illustrèrent ses ayeux. Nous sommes si éloignés de croire à la paix de la Russie, que nous ne doutons pas un instant que l'Empereur Alexandre qui désire vivement de se montrer digne de lui-même et de la brave nation qu'il commande, qui ne peut ambitionner que la gloire d'être le restaurateur des rois et de la liberté des peuples, ne franchisse (quand les événemens de la guerre le permettront,) les frontières de la Pologne pour aller combattre en Allemagne son implacable ennemi.

Malgré notre confiance dans la résistance de la Russie et dans le bien que peut produire l'armée que l'on dit être destinée à aller agir à Riga, nous pensons que le moyen le plus sûr, pour que le Prince de la Couronne eût été réellement utile à la cause de l'Europe, le seul qui auroit rendu décisive l'expédition qu'il commande, auroit été, comme nous l'avons proposé dans plusieurs circonstances, de la destiner pour la France. Ce n'est que là, quoiqu'on en dise, que Buonaparte sera vaincu ; ce n'est que là que l'Europe en sera délivrée ; ce n'est que là que seront consolidés les trônes ébranlés ; c'est là que la Russie reconquerroit ses états sans prodiguer le sang de ses sujets, ce n'est que là enfin que tous les peuples obtiendront la paix.

Si à la guerre on agit d'après le principe, *qu'il faut toujours attaquer son ennemi sur le point où il est le plus foible*, on conviendra que celui que l'on devoit choisir de préférence étoit la France, puisque les troupes destinées à la défendre sont en Espagne et dans le nord de l'Europe. Une armée de 50,000

hommes qui auroit debarqué en Norman-
die pendant que Buonaparte est aux extré-
mités de la Russie, auroit mis d'autant plus
aisément toute la France en mouvement
qu'elle jouit secrètement des brillans succès
de Lord Wellington dans la peninsule.

Si ce projet pouvoit encore être exécuté,
c'est alors que le Prince de la Couronne seroit
de la plus grande utilité. Se montrant en
France à la tête d'une armée de 50,000
hommes (qui dans 10 jours pourroit être à
Paris) se dépouillant momentanément de
son titre de Prince de Suède, pour ne
prendre que celui de général françois qui
ne viendroit les armes à la main dans sa
patrie, que pour la délivrer du tyran étran-
ger qui l'opprime et y rétablir la liberté et
le bonheur, cette déclaration franche et
loyale, nous osons l'affirmer, feroit plus d'effet
dans toute la France que les proclamations
que pourroient faire les puissances alliées à la

tête de leurs braves et nombreuses armées. Celle au contraire d'un général françois qui n'ambitionneroit que d'être le sauveur de son pays, attireroit à lui le peu de troupes qui sont en France, les 137,000 conscrits destinés à aller périr en Russie préféreroient sans doute de s'unir au libérateur ; les malheureux François, comprimés par la terreur, reprendroient de l'énergie ; les hommes de bien s'armeroient pour seconder ses efforts ; les cohortes, les gardes nationales, les grandes villes de commerce se réuniroient à lui, et le sénat investi du pouvoir, sachant le tyran à 600 lieux de la capitale, le mettroit hors de la loi et seconderoit de tout son pouvoir, les plans et les mesures du vengeur de la patrie.

On se demandera sans doute ce que feroient les représentans du peuple et le chef de l'armée après avoir renversé le tyran ? nous l'ignorons, mais ce que nous savons parfaitement c'est que Buonaparte détruit, l'Europe auroit fait un grand pas vers la paix et la liberté. D'ailleurs n'est-il pas permis d'espérer que la France entière, rendue à elle-même après 20 ans de la plus affreuse tyrannie, voulant faire oublier par un grand acte de justice les erreurs qui amenèrent tant de crimes, tant de forfaits, s'empresseroit de remplacer l'usurpation par la légitimité, comme le seul moyen de cicatriser toutes les plaies de la révolution et de donner à l'Europe une paix solide.

A la seule proposition de rétablir la légitimité, avec la co-opération et l'appui des puissances alliées, nous entendons l'éditeur du Morning Chronicle répéter ce qu'il osa publier le 21 d'Août, *qu'une protestation devroit être faite contre la guerre, si elle avoit pour but de replacer la Maison de Bourbon sur le trône de ses ancêtres.*

Sans être aussi profond politique, ni aussi

savant publiciste que l'éditeur du Morning Chronicle, nous conviendrons avec lui qu'un peuple entier peut croire ne pas devoir faire la guerre pour replacer un roi sur son trône, si l'usurpateur qui se seroit emparé du pouvoir gouvernoit avec justice, s'il ne troubloit point le repos de ses voisins et s'il remplissoit scrupuleusement ses engagemens envers les souverains qui auroient reconnu son autorité. Dans ce cas, nous sommes de l'avis du journaliste anglois parce que nous savons tout aussi bien que lui que les affections particulières, que les princes éprouvent, doivent toujours être subordonnées aux grands intérêts des peuples qu'ils gouvernent. Mais comme il est échappé à l'éditeur du Morning Chronicle de dire, *qu'une paix avec Buonaparte seroit impolitique tant que son pouvoir sera aussi considérable et ses principes si opposés à tout ordre moral*, nous espérons qu'il insistera moins sur la protestation qu'il a proposée.

Comme l'éditeur du Morning Chronicle a annoncé plus d'une fois son désir pour la paix, nous lui déclarons que nous la voulons aussi, même avec Buonaparté si avec lui elle peut être juste, honorable et solide pour l'Angleterre et ses alliés. Mais s'il est démontré que la paix avec cet usurpateur sans foi, sans probité, ne pourroit donner, ni garantie pour le moment, ni sûrété pour l'avenir, le docte journaliste balanceroit-il à proclamer qu'alors la guerre seroit préférable à la paix ? Mais dira-t-il ! je consens au nom du peuple anglois que je représente, au nom des membres de l'opposition dont je suis l'interprète, que l'on fasse la guerre, mais je m'oppose que ce soit pour le rétablissement de la Maison de Bourbon.

Nous souscrivons encore à la condition imposée par l'auteur de la protestation. Mais comme depuis 20 ans la guerre n'a servi qu'à donner à la France un accroissement effrayant et à soumettre tout le Continent à la plus affreuse tyrannie, nous avons le droit d'exiger de lui qu'il publie le moyen qui, sans le rétablissement de la Maison de Bourbon, pourroit procurer à l'Angleterre et à ses alliés une paix dont les bases seroient compatibles avec la dignité, l'honneur et la justice. Si l'éditeur du Morning Chronicle possède ce moyen salutaire, il est sans doute trop attaché à son pays pour ne pas l'indiquer. S'il le fait de manière à nous satisfaire, nous prenons volontiers l'engagement de signer avec lui la protestation qu'il veut que l'on fasse. Mais si par hasard il gardoit le silence, ne serions-nous pas autorisés à lui dire, que si la Grande Bretagne, pour assurer sa tranquillité intérieure, pour couserver les conquêtes qu'elle a faites ; pour jouir des avantages commerciaux qu'elle a acquis; pour ne pas perdre la prépondérance qu'elle a obtenue, et pour perpétuer la gloire dont elle s'est couverte, n'avoit d'autre ressource que de rétablir la Maison de Bourbon sur le trône de ses ancêtres, y auroit-il un Anglois raisonnable, un Anglois désirant sincèrement le bonheur de sa patrie qui se refusât à adopter la mesure contre laquelle le savant folliculaire se propose de faire protester le peuple anglois.

Ce que l'éditeur du Morning Chronicle appelle le peuple anglois, c'est lui. Ce qu'il nomme l'opposition se borne certainement à quelques individus sans influence et sans talens ; car nous ne supposons pas qu'il puisse prétendre à ce que les hommes estimables et éclairés qui la composent partagent jamais ses opinions politiques.

Nous dirons donc avec franchise à l'éditeur du Morning Chronicle, comme à tous ceux dont il a prétendu avoir interprété les sentimens, que si l'Angleterre a en son pouvoir la possibilité de faire avec l'oppresseur du Continent une paix glorieuse et durable, un paix qui lui donneroit pour elle-même et pour ses alliés toutes les sûretés qu'elle a le droit d'exiger, il faut qu'elle la fasse de préférence à ne faire la guerre que pour replacer la Maison de Bourbon sur le trône. Mais si éclairée par une longue expérience, par le caractère turbulent, haineux, ambitieux et perfide du chef de la France, elle étoit convaincue qu'une paix juste, honorable et solide, ne pourroit jamais être obtenue sans le rétablissement de cette maison, hésiteroit-elle, de concert avec ses alliés, à faire les plus grands efforts pour l'obtenir ?

Le régulateur de l'opinion publique répétera probablement encore, *que l'annonce seule de vouloir rétablir la Maison de Bourbon feroit en Angleterre une impression allarmante, et qu'il ne dépend pas de celui qui auroit donné des espérances aux infortunés exilés de pouvoir jamais les réaliser.*

Pour répondre à une décision aussi impérative, nous dirons à celui qui en est l'auteur qu'il peut être bien assuré que quelque soient les nobles et généreux sentimens du prince magnanime qu'il s'est permis de désigner, jamais il ne sacrifiera l'honneur de sa couronne, les intérêts et le repos de l'état au plaisir que son cœur éprouveroit d'être utile à un roi malheureux. Mais si secondé par des minitres prévoyans et à grand caractère, par les hommes vertueux et éclairés de tous les partis, ce prince persuadoit aux peuples qu'il est destiné à gouverner, que ce n'est que par le rétablissement de la Maison de Bourbon que le commerce britannique acquerroit un accroissement prodigieux, que les manufactures doubleroient leur travail, que les cultivateurs et les propriétaires, payant moins d'empôts, augmenteroient leur revenu, que les dépenses de l'état étant moins considérables, la dette nationale parviendroit à s'éteindre; si, disons-nous, cette accumulation de bonheur étoit le résultat de la mesure contre la quelle s'est si fortement prononcé le Morning Chronicle, y auroit-il un seul Anglois, sans en excepter celui que nous combattons aujourd'hui, qui ne bénît à jamais le nom du prince qui, pour avoir été aussi grand que généreux, auroit donné la paix à l'Europe et assuré pour toujours la gloire, la tranquillité, la prépondérance et la prospérité de l'Angleterre.

L'éditeur du Morning Chronicle, voulant répondre aux objections que nous lui avons faites, dira peut-être qu'il consent à retirer sa protestation, si on lui prouve qu'il est encore possible de pouvoir rétablir la Maison de Bourbon ? Sans entrer dans tous les détails qu'entraîneroit nécessairement une discussion de ce genre, il suffira de lui dire qu'avec une volonté forte et décidée, quand les moyens ne manquent pas et qu'on sait les mettre à profit, on parvient toujours à remplir le grand et glorieux objet qu'on se propose.

Nous nous plaisons à espérer que celui que le prince de la couronne a en vue est de devenir le restaurateur de la liberté et du bonheur de sa patrie. Il le seroit, nous n'en doutons pas si, secondé par les puissances alliées et combinant tous ses mouvemens avec le héros de l'Angleterre, l'expédition qu'il commande étoit destinée pour la France. C'est par le mouvement spontané qu'elle produiroit que l'Europe seroit délivrée du tyran qui l'opprime ; c'est par lui que chaque état reconquerroit sa liberté et jouiroit de son indépendance ; par lui, tous les ports de l'Europe seroient ouverts au commerce de toutes les puissances ; après lui on redonneroit à la France l'équilibre nécessaire à la tranquillité de ses voisins, et tous les peuples heureux béniroient à jamais le nom de leur libérateur.

Quand à la gloire qu'acquerroient ceux qui auroient contribué avec lui au salut de la

patrie, elle n'est pas douteuse, elle seroit immortelle. Il est aussi une vérité dont tous
les François doivent bien se pénétrer, c'est
que leur existence et leur fortune seroient
bien plus assurées sous un gouvernement
juste et modéré, qu'elles ne peuvent l'être
sous celui, qui toujours incertain et chaque
jour plus tyrannique, ne respecte ni la vie
des citoyens, ni la fortune des particuliers.

A ce que nous venons de dire, on objectera
sans doute, que quelque général ambitieux,
chercheroit à former un parti contre celui
qui, à la tête d'une armée étrangère, auroit
formé le noble projet de délivrer son pays du
joug honteux qui l'accable ? Cela peut-être :
mais alors chacun choisissant la bannière
sous laquelle il voudroit combattre, la gue-
re civile s'établiroit. Quoiqu'elle soit la
plus affreuse des calamités pour les peuples, il n'est pas douteux que si des hommes
à grand caractère, avoient su la faire naître,

l'Europe et la France auroient perdu beaucoup moins de monde; l'une et l'autre seroient moins appauvries, et tous les peuples
jouiroient depuis long-temps de la paix.

Londres, le 9 Octobre, 1812.

De l'imprimerie de R. Juigné, 17, Margaret-street, Cavendish-square.